PERFORMANCE VS. BRANDING:

Alcançando o Equilíbrio Perfeito no Marketing Digital

Tami Loreto

CONTENTS

INTRODUÇÃO

No mundo acelerado e altamente conectado em que vivemos, o marketing digital se estabeleceu como uma força vital para o sucesso das empresas. Duas abordagens distintas, porém interdependentes, ganharam destaque nesse cenário: o marketing de performance e o branding. Ambas têm o poder de impulsionar a visibilidade, a atração de clientes e, em última instância, os resultados financeiros de uma organização. No entanto, essa dicotomia muitas vezes gera um dilema: em que direção alocar recursos e esforços?

O marketing de performance é conhecido por sua natureza orientada a dados, focada em métricas quantificáveis e resultados imediatos. Através de estratégias como marketing de busca paga (SEM), anúncios em redes sociais e marketing de afiliados, as empresas podem alcançar audiências específicas, monitorar o retorno sobre o investimento (ROI) e ajustar suas táticas com base em resultados mensuráveis.

Por outro lado, o branding se concentra na construção de uma identidade sólida e emocional da marca, buscando estabelecer conexões profundas com os consumidores. É a maneira pela qual uma empresa se apresenta ao mundo, transmite seus valores e cria uma narrativa que ressoa com seu público-alvo. O branding não se trata apenas de um logotipo ou design atraente, mas de uma experiência holística que conquista a lealdade dos clientes.

Aqui, exploraremos a interseção fascinante entre o marketing de performance e o branding. Vamos desvendar como essas duas estratégias aparentemente opostas podem se complementar, gerando um efeito sinérgico que impulsiona os resultados de forma exponencial. Ao compreender a maneira pela qual o branding pode nutrir a eficácia do marketing de performance e vice-versa, as empresas podem cultivar um ciclo virtuoso que maximiza seu impacto no mercado.

Este livro visa ir além do debate tradicional sobre qual estratégia é superior. Em vez disso, concentra-se em como essas duas abordagens podem coexistir e se reforçar mutuamente. Exploraremos estudos de caso de empresas que alcançaram sucesso notável por meio dessa integração, bem como analisaremos as armadilhas que podem surgir quando uma estratégia é priorizada em detrimento da outra.

À medida que avançamos nos capítulos, você será imerso em exemplos práticos, dicas acionáveis e insights valiosos para encontrar o equilíbrio ideal entre performance e branding. Juntos, vamos desvendar os mistérios por trás das empresas que começaram com estratégias centradas na performance e evoluíram para abordagens de branding mais proeminentes à medida que amadureceram.

Prepare-se para descobrir como o marketing de performance e o branding podem operar em harmonia, criando uma sinergia que permite às empresas não apenas sobreviver, mas prosperar no cenário digital em constante mudança.

CAPÍTULO 1: ENTENDENDO O MARKETING DE PERFORMANCE E BRANDING

No universo do marketing digital, duas estratégias distintas, mas complementares, ganharam notoriedade: o marketing de performance e o branding. Ambos desempenham papéis cruciais na construção e no sucesso de uma marca, mas operam de maneiras distintas. Neste capítulo, mergulharemos fundo nas definições dessas duas abordagens, destacando suas diferenças fundamentais e apresentando estudos de caso inspiradores que ilustram sua aplicação na prática.

Definição de Marketing de Performance e Branding

Marketing De Performance: Gerando Resultados Mensuráveis

O marketing de performance, concentra-se em gerar resultados tangíveis e mensuráveis, **como leads, vendas e conversões**. Essa abordagem é altamente orientada por dados e busca otimizar o retorno sobre o investimento. As campanhas de marketing de performance são direcionadas e segmentadas, visando alcançar públicos específicos no momento certo. Elas são altamente mensuráveis, permitindo que as empresas avaliem o desempenho de suas ações e ajustem suas estratégias conforme necessário.

O marketing de performance gera receita atribuível. O CMO pode reportar ao CEO sobre métricas como retorno sobre o investimento em anúncios, desmembrado por canal de origem. Por trás disso, está uma operação complexa que gera conscientização, direciona o tráfego do site e converte os usuários em clientes pagantes. Pode ser altamente técnico, mas também um grande impulsionador de crescimento.

Você pode calcular o impacto dos investimentos em marketing de várias maneiras, dependendo da maturidade da organização de marketing e da configuração de análises. *As métricas de marketing de desempenho frequentemente se traduzem em termos financeiros.*

Custo por mil (CPM) — o investimento necessário para alcançar 1.000 clientes em potencial com a sua mensagem. Isso pode ser útil para medir campanhas de conscientização.

Custo por clique (CPC) — o investimento necessário, em média, para gerar um clique. Isso pode ser útil para testar e medir o desempenho entre duas campanhas diferentes de pagamento por clique (PPC).

Custo por aquisição (CPA) — o investimento necessário, em média, para conquistar um novo cliente. Com o tempo, isso pode ajudar a medir o desempenho do canal e como isso contribui para a margem e a lucratividade.

Valor vitalício do cliente (LTV) — o lucro bruto que um cliente entrega a um negócio durante todo o tempo em que é cliente. Isso pode ajudar a medir o tipo de clientes que você deseja atrair no futuro e em quais canais encontrá-los.

Retorno sobre o investimento em anúncios (ROAS) — quanto de receita é gerado por dólar investido em anúncios. Isso pode ser útil para medir o desempenho geral de suas campanhas de publicidade e ser usado para prever a receita.

Em resumo essa abordagem está centrada em métricas mensuráveis e resultados tangíveis. É o uso estratégico de canais e táticas digitais para alcançar metas específicas, como conversões, vendas ou geração de leads. Estratégias de marketing de performance podem incluir publicidade paga em mecanismos de busca (como o Google Ads), anúncios em redes sociais, e-mail marketing direcionado e marketing de afiliados. O sucesso é determinado pela análise precisa de dados e pelo ROI.

Branding: Construindo Identidade E Conexões Emocionais

O branding é o processo de criação e gestão da identidade de uma marca. Envolve desenvolver uma personalidade única, valores, missão e visão que ressoem com os consumidores. *O objetivo principal do branding é estabelecer uma conexão emocional com o público,* tornando a marca memorável e facilmente reconhecível. Isso vai além do logo e do design visual; trata-se de criar uma narrativa coesa que evoca emoções e sentimentos específicos.

A marca da sua empresa é um produto de sua reputação e visibilidade. É o motivo pelo qual você está no negócio, pelo que você é conhecido e o quão bem os compradores-alvo lembram o seu nome. É difícil quantificar. Justificar investimentos de tempo e orçamento pode ser difícil, mas é uma parte crítica de sua estratégia.

O branding posiciona sua empresa para públicos específicos. A pesquisa de mercado descobre o que seus compradores se importam. Então, o branding aplica essas aprendizagens a mensagens de marketing e identidade visual.

<u>O branding é mais difícil de comunicar em termos financeiros.</u> Alguns dados de medição de marca estão disponíveis por meio de plataformas digitais. A pesquisa de mercado é geralmente a melhor maneira de medir a marca. Aqui estão algumas métricas de marketing de marca:

Pontuação do Net Promoter (NPS) — uma medida aceita pela indústria de lealdade do cliente e disposição para recomendar um negócio. As pesquisas normalmente coletam pontuações NPS. Elas são relatadas com um número entre -100 a +100. Uma pontuação mais alta é desejável.

Lembrança de nome — pesquisas e grupos focais podem ajudar a medir a força da marca de várias maneiras. A lembrança do nome é uma medida de quantos clientes mencionam voluntariamente sua marca pelo nome quando questionados sobre uma determinada categoria de produto ou serviço.

Busca com marca — uma maneira de medir o desempenho da marca sem pesquisas ou grupos focais é monitorar o volume de pesquisa mensal para sua marca. Pode ser uma boa maneira de testar o desempenho da publicidade na TV e no rádio também.

O *branding*, concentra-se na construção de uma identidade de marca sólida e memorável. Vai além de apenas produtos e serviços, englobando os valores, a personalidade e a promessa da marca. O branding visa criar uma conexão emocional duradoura com os consumidores, gerando lealdade e preferência. Elementos visuais, tom de comunicação e experiência do cliente são componentes-chave do branding eficaz.

Diferenças Fundamentais Entre As Duas Abordagens

A principal diferença entre o marketing de performance e o branding reside em seus objetivos imediatos versus objetivos a longo prazo: O **marketing de performance** busca resultados tangíveis e imediatos, como cliques, conversões e vendas. É orientado por números e exige otimização constante para maximizar o ROI. O **branding**, por outro lado, visa criar uma identidade duradoura que se conecte emocionalmente com o público. Seus resultados podem não ser tão quantificáveis no curto prazo, mas têm um impacto profundo na percepção da marca ao longo do tempo.

Embora branding e marketing de performance tenham abordagens diferentes, eles não operam em compartimentos estanques. Na verdade, eles podem e devem se complementar para alcançar resultados mais robustos.

O sucesso reside em encontrar o equilíbrio certo entre branding e marketing de performance. Dependendo das metas, do público e do estágio de desenvolvimento da marca, essa proporção pode variar.

Marcas estabelecidas podem focar mais no branding para manter e fortalecer sua presença no mercado. Empresas em crescimento podem precisar de um foco maior em marketing de performance para impulsionar resultados imediatos. O segredo está em criar uma estratégia que aproveite as sinergias entre essas duas abordagens

Estudos De Caso Ilustrativos

Marketing de Performance: Amazon A Amazon é mestre em usar o marketing de performance para direcionar compradores específicos. Seu uso estratégico de anúncios segmentados e personalizados garante que os consumidores vejam produtos relevantes, aumentando as chances de conversões.

Branding: Apple A Apple é um exemplo icônico de branding poderoso. Sua abordagem minimalista e foco na experiência do usuário ajudaram a criar uma base de fãs leais que associam a marca à inovação e ao design elegante.

Integração Eficiente: Nike A Nike combina habilmente o marketing de performance com o branding. Seu marketing de influência e campanhas sociais direcionadas aumentam a visibilidade, enquanto sua narrativa emocional e o logotipo reconhecível em todo o mundo contribuem para o branding duradouro.

O entendimento das diferenças entre marketing de performance

e branding é fundamental para aproveitar ao máximo as vantagens de cada estratégia. Enquanto o marketing de performance fornece resultados imediatos e mensuráveis, o branding constrói a base para conexões emocionais duradouras com o público.

CAPITULO 2: EXPLORANDO A RELAÇÃO ENTRE PERFORMANCE E BRANDING

No mundo do marketing digital, a sinergia entre performance e branding é como uma dança complexa que, quando executada com maestria, leva a resultados extraordinários. Neste capítulo, mergulharemos na interdependência dessas duas abordagens aparentemente divergentes e exploraremos por que a performance depende do branding para atingir seu potencial máximo. Além disso, examinaremos casos de sucesso que exemplificam a harmonia eficaz entre performance e branding.

O marketing de performance e o branding não são estratégias independentes, mas sim fios entrelaçados no tecido de uma abordagem abrangente de marketing. Quando bem-sincronizados, eles amplificam um ao outro de maneira surpreendente. O branding cria o cenário, definindo a identidade e os valores da marca, enquanto a performance oferece um palco para exibir essa identidade de maneira direcionada.

Por Que A Performance Precisa De Branding

A interseção entre performance e branding é respaldada por dados sólidos e pesquisas que destacam a importância dessa abordagem integrada. De acordo com um estudo da Kantar Millward Brown, marcas que investem tanto em branding quanto em performance têm uma probabilidade 31% maior de crescerem do que aquelas que se concentram apenas em uma das estratégias.

Além disso, a pesquisa da Forbes mostra que empresas

que adotam uma abordagem equilibrada entre branding e performance tendem a ter um aumento de 23% na receita em comparação com aquelas que focam apenas em uma dessas áreas. Isso reforça a ideia de que o branding fornece uma base sólida para o sucesso a longo prazo, enquanto a performance impulsiona resultados imediatos. Integrar ambas as abordagens cria um ciclo virtuoso, em que o branding fortalece a performance e a performance amplifica os efeitos do branding.

Contexto e Relevância: As campanhas de performance funcionam melhor quando os consumidores entendem a mensagem em um contexto maior. O branding fornece esse contexto, tornando os anúncios mais relevantes e significativos para o público.

Construção de Confiança: O branding eficaz estabelece confiança e autoridade. Quando os consumidores reconhecem a marca e associam-na a valores positivos, estão mais propensos a interagir com anúncios e até mesmo fazer compras.

Diferenciação: Em um cenário competitivo, o branding ajuda a diferenciar uma empresa da concorrência. Isso não apenas atrai a atenção do público, mas também cria um terreno fértil para as estratégias de performance prosperarem.

Les Binet e Peter Field **estabeleceram a regra 60/40. 60% dos recursos de marketing** de uma marca devem ser dedicados à construção da marca e 40% à ativação de vendas. O gráfico abaixo, desenvolvido por Les Binet e Peter Field em "The Long And Short of It" mostra a relação entre essas duas estratégias.

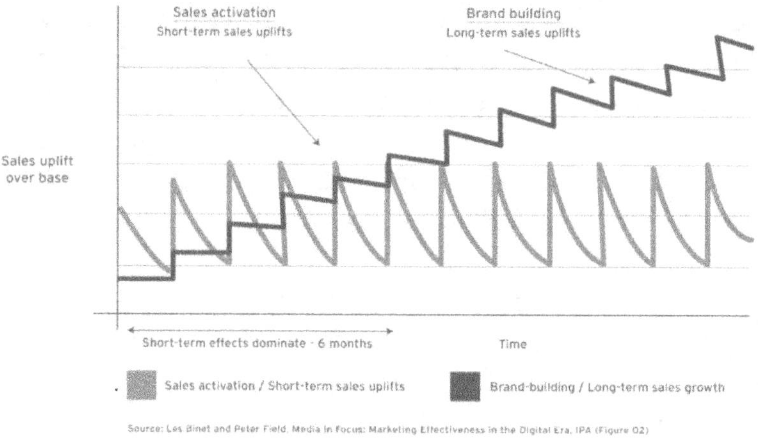

Atualmente, observamos uma tendência entre os profissionais de marketing em direção a uma abordagem de curto prazo. Investem consideravelmente em estratégias de ativação de vendas imediatas, em detrimento da construção de uma base sólida de marca a longo prazo. Táticas voltadas para a etapa final do funil de vendas muitas vezes ganham prioridade devido à promessa de resultados mais imediatos e vantajosos, especialmente dentro de um ano.

No entanto, uma das conclusões mais impactantes da pesquisa conduzida por Field e Binet é que essa mentalidade voltada para o curto prazo pode ter efeitos prejudiciais significativos no âmbito geral do marketing. Ao longo do tempo, essa abordagem imediatista pode corroer consideravelmente o impacto positivo que as estratégias de marketing poderiam alcançar.

Uma analogia ilustrativa é que o tempo e recursos gastos excessivamente na colheita das frutas de mais fácil alcance resultam em menos atenção para a tarefa essencial de regar a árvore. Esse desequilíbrio eventualmente pode interromper o crescimento saudável e contínuo da árvore. A pesquisa indica que, embora as táticas de ativação de vendas possam gerar resultados rápidos a curto prazo, a falta de investimento simultâneo na construção gradual da marca pode resultar no comprometimento do crescimento sustentável no longo prazo.

Casos De Sucesso Que Ilustram A Harmonia

Dove: Campanha Real Beleza

A campanha "Real Beleza" da Dove é um exemplo clássico de como o branding pode impulsionar a performance. Ao focar na celebração da beleza autêntica, a Dove não apenas estabeleceu uma conexão emocional com o público, mas também aumentou o engajamento nas redes sociais e a visibilidade de seus produtos.

Coca-Cola: Compartilhe uma Coca-Cola

A campanha "Compartilhe uma Coca-Cola" demonstrou como a performance pode ser amplificada pelo branding. A estratégia personalizada de colocar nomes nas embalagens gerou um aumento nas vendas e também reforçou a associação emocional com momentos de compartilhamento e felicidade.

Airbnb: Experiências Locais

A Airbnb uniu branding e performance ao destacar experiências locais únicas em suas campanhas. Isso não apenas alavancou as reservas de propriedades, mas também fortaleceu a percepção da marca como promotora de conexões autênticas entre viajantes e anfitriões.

◆ ◆ ◆

A sinergia entre performance e branding não é uma mera coincidência, mas sim uma estratégia deliberada para alcançar resultados excepcionais no marketing digital. O branding fornece a base emocional e a identidade de marca que tornam as estratégias de performance mais eficazes e significativas. No próximo capítulo, exploraremos como o branding pode criar uma base de fãs leais e engajados, amplificando ainda mais o impacto das estratégias de performance.

Em um cenário digital altamente competitivo, a construção de uma marca sólida exige mais do que uma simples presença online. É necessário adotar uma abordagem integrada que combine estratégias de branding com o poder do tráfego pago

"Marcas online que vendem ou alcançam o público online precisam de uma porcentagem maior de seus gastos indo para a construção da marca, pois elas já têm canais diretos para conversão"

CAPITULO 3: A SINERGIA ENTRE BRANDING E TRÁFEGO PAGO

O branding busca criar uma identidade única e memorável para sua marca, enquanto o tráfego pago visa atrair um público específico para interagir com essa marca. Quando combinados de maneira estratégica, esses dois elementos podem se complementar para gerar resultados notáveis. Uma estratégia de tráfego pago bem executada aumenta a visibilidade da sua marca, direcionando os usuários certos para interagir com sua mensagem e proposta de valor. Isso não apenas reforça o reconhecimento da marca, mas também cria oportunidades para os consumidores se envolverem de maneira mais profunda.

Ampliando O Alcance E Impacto Da Marca

Uma sólida estratégia de tráfego pago pode amplificar os esforços de branding ao atingir audiências que podem não ter descoberto sua marca de outra forma. Ao usar anúncios segmentados, você pode alcançar nichos específicos que possuem maior probabilidade de se interessar pelo que sua marca tem a oferecer. Isso amplia seu alcance para além do público já existente, gerando reconhecimento e interesse entre novos consumidores. Ao criar uma associação positiva com sua marca por meio de anúncios relevantes e impactantes, você estará construindo uma base sólida de potenciais clientes.

A Importância Da Abordagem Integrada

Uma abordagem integrada que une branding e tráfego pago é essencial para obter resultados consistentes e duradouros. Quando os anúncios de tráfego pago refletem a identidade da marca, eles se tornam uma extensão natural do branding. Isso proporciona uma experiência coesa para os usuários, construindo confiança e autenticidade. Além disso, a análise contínua dos dados de tráfego pago pode fornecer insights valiosos sobre como sua marca está sendo percebida pelo público, permitindo ajustes estratégicos para uma otimização contínua.

Integrando Mensagem E Design Em Anúncios Pagos

Para uma estratégia de tráfego pago amplificar os esforços de branding, a coesão entre a mensagem e o design dos anúncios é fundamental. Cada anúncio deve transmitir a essência da marca, incluindo seus valores, personalidade e proposta única. Ao fazer isso, você não apenas atrai a atenção, mas também cria uma conexão emocional com os consumidores. Utilize imagens, cores e linguagem que estejam alinhadas à identidade da marca, garantindo que os usuários possam reconhecê-la instantaneamente.

Mensurando O Sucesso Da Estratégia Integrada

A avaliação do impacto do branding e do marketing de performance requer diferentes métricas. No branding, métricas como reconhecimento da marca, associação de valores e envolvimento emocional são relevantes. No marketing de performance, métricas como taxa de conversão, custo por aquisição e retorno sobre o investimento são cruciais. Combinar essas métricas fornece uma visão holística do desempenho da marca em várias frentes.

O branding e o marketing de performance são duas estratégias vitais que desempenham papéis distintos na jornada de uma marca. Enquanto o branding constrói a base emocional e a identidade da marca, o marketing de performance direciona resultados mensuráveis. O equilíbrio entre essas duas abordagens é essencial para uma estratégia de marketing bem-sucedida. Ao compreender as diferenças e as sinergias entre branding e marketing de performance, as empresas podem aproveitar ao máximo suas estratégias de crescimento e alcançar resultados duradouros no mercado cada vez mais competitivo.

A mensuração de resultados é fundamental para avaliar o sucesso da estratégia integrada de branding e tráfego pago. Acompanhe métricas como aumento no reconhecimento da marca, engajamento com o conteúdo e crescimento na base de clientes. A análise dos dados permite identificar o que está funcionando e o que precisa ser ajustado. Lembre-se de que os resultados não são imediatos; construir uma marca sólida é um processo contínuo que requer dedicação e adaptação ao longo do tempo.

Ao unir o branding com uma estratégia de tráfego pago integrada, você estará aproveitando o melhor de ambos os mundos. A visibilidade proporcionada pelo tráfego pago aumenta o alcance da marca, enquanto o branding cria uma conexão emocional e duradoura com os consumidores. Lembre-se de que uma estratégia bem equilibrada requer consistência e coesão em todos os aspectos da comunicação da marca, desde a mensagem até o design dos anúncios. Com uma abordagem integrada, sua marca estará bem posicionada para se destacar no mercado digital.

CAPÍTULO 4: O PODER DO BRANDING NA CRIAÇÃO DE PÚBLICO

O branding eficaz não se trata apenas de criar uma imagem visual atraente, mas de construir conexões emocionais profundas com os consumidores. Neste capítulo, exploraremos como o branding desempenha um papel crucial na criação de relacionamentos duradouros com o público, transformando clientes em defensores entusiasmados da marca. Além disso, examinaremos exemplos inspiradores de empresas que usaram o branding para cultivar uma base de fãs leais e engajados.

Construindo Relacionamentos Duradouros Com Os Consumidores

O branding vai além do logotipo e das cores; ele constrói uma narrativa que ressoa com os valores e aspirações do público. Isso cria uma conexão emocional que transcende transações comerciais, transformando cada interação em uma oportunidade de fortalecer o vínculo entre a marca e o cliente. A consistência na experiência do cliente, desde o atendimento até a qualidade do produto, reforça a confiança e a lealdade.

Quando uma marca conquista o coração de seus clientes, eles não apenas retornam para comprar novamente, mas também se tornam defensores fervorosos. Eles compartilham suas experiências positivas com amigos e familiares, promovem a marca nas redes sociais e até mesmo oferecem feedback construtivo. Esses defensores da marca não apenas aumentam o alcance orgânico, mas também influenciam as percepções de outros consumidores.

Exemplos De Empresas Com Base De Fãs Leais

Starbucks: Criando Comunidade A Starbucks não vende apenas café; vende uma experiência e um senso de comunidade. Sua abordagem centrada no cliente, personalização dos pedidos e programas de fidelidade criaram uma base de fãs apaixonados que se sentem parte de algo maior do que uma simples cafeteria.

LEGO: Conectando Gerações A LEGO transcende gerações através de sua marca. Sua mensagem de criatividade, aprendizado e diversão conquistou não apenas crianças, mas também adultos que cresceram brincando com os blocos. A marca construiu uma comunidade global de fãs que compartilham sua paixão pelo brinquedo icônico.

Red Bull: Mais que uma Bebida Energética A Red Bull transformou sua marca em um estilo de vida. Com eventos extremos, patrocínio de atletas e conteúdo inspirador, eles criaram uma base de fãs leais que vêem a marca como sinônimo de aventura e superação.

O poder do branding na criação de público vai além de números e métricas. Ele se traduz em conexões emocionais profundas, na confiança do cliente e na construção de uma comunidade engajada em torno da marca. No próximo capítulo, exploraremos como o ciclo de vida das estratégias de performance se beneficia significativamente do branding sólido, mantendo o público envolvido e interessado ao longo do tempo.

Alicerçar uma estratégia de tráfego pago em uma base sólida de público é de suma importância para alcançar resultados significativos e sustentáveis. A base de público representa a fundação sobre a qual todas as iniciativas de tráfego pago são construídas

. Ao compreender profundamente quem são seus potenciais clientes, seus interesses, necessidades e comportamentos, você pode direcionar seus anúncios de maneira mais precisa e relevante. Isso não apenas aumenta a eficácia das campanhas, mas também maximiza o retorno do investimento.

Uma base de público bem definida não apenas impulsiona o tráfego, mas também aumenta as chances de conversões significativas, pois os anúncios alcançam aqueles que têm maior probabilidade de se engajar com sua marca e tomar ações desejada

"Às vezes a gente só comunica razão, mas o conteúdo também precisa se comunicar com a parte emocional do público. Em termos de mentalidade, o pulo do gato é não depender de um pulo do gato!" **- Fabio Prado Lima**

CAPÍTULO 5: CONSTRUINDO AUDIÊNCIAS ENGAJADAS

A construção de uma audiência fiel e engajada é um dos pilares essenciais tanto do branding quanto do marketing de performance. Neste capítulo, exploraremos estratégias eficazes para cultivar uma base de seguidores que não apenas se identifiquem com sua marca, mas também se tornem entusiastas e defensores ativos. Veremos como o conteúdo de valor desempenha um papel crucial na atração dessa audiência e como transformar seguidores em verdadeiros embaixadores da marca.

Estratégias Para Fomentar Uma Audiência Engajada

Construir uma audiência engajada requer um esforço estratégico contínuo. Comece por definir claramente quem é seu público-alvo e quais são seus interesses, desafios e aspirações. Isso permitirá que você crie conteúdo relevante e valioso que ressoe com eles. Além disso, estabeleça uma presença consistente em várias plataformas, como redes sociais, blogs e newsletters, para alcançar seu público onde eles estão.

O conteúdo de valor é a base para atrair e reter uma audiência engajada. Ele vai além de meramente promover seus produtos ou serviços, oferecendo informações úteis, entretenimento e soluções para as dores do seu público. Isso pode incluir artigos informativos, vídeos educativos, infográficos relevantes e até mesmo histórias inspiradoras. Ao fornecer valor genuíno, você constrói confiança e autoridade, incentivando os seguidores a permanecerem conectados.

Transformando Seguidores Em Embaixadores Da Marca

O verdadeiro poder de uma audiência engajada está em sua capacidade de se tornar embaixadores da marca. Esses são os seguidores que não apenas acompanham suas postagens, mas também compartilham ativamente seu conteúdo, interagem com sua marca e recomendam seus produtos ou serviços para outros. Para transformar seguidores em embaixadores, construa relacionamentos autênticos e genuínos com eles. Responda a comentários, incentive o diálogo e mostre apreço pelo apoio.

O engajamento não é uma via de mão única. É essencial manter uma interação contínua com sua audiência. Responda prontamente às mensagens, comentários e feedbacks. Promova enquetes, pesquisas e questionários para envolver seus seguidores nas decisões da marca. Além disso, considere a realização de transmissões ao vivo, sessões de perguntas e respostas e outros eventos interativos para aprofundar o relacionamento com sua audiência.

A mensuração do engajamento é fundamental para avaliar o sucesso de suas estratégias de construção de audiência. Acompanhe métricas como taxa de cliques, compartilhamentos, comentários e alcance. Analise quais tipos de conteúdo geram maior engajamento e ajuste sua abordagem com base nos resultados. Lembre-se de que o engajamento genuíno vai além dos números e se reflete na qualidade das interações e na conexão emocional com sua marca.

Ao construir uma audiência engajada, você está investindo na criação de relacionamentos duradouros com os consumidores.

Através de estratégias cuidadosamente planejadas e conteúdo de valor, você pode atrair seguidores que se tornarão verdadeiros defensores da sua marca, amplificando o alcance da sua mensagem e contribuindo para o sucesso tanto do branding quanto do marketing de performance.

CAPÍTULO 6: ESTRATÉGIAS DE TRÁFEGO PAGO PARA CONSTRUÇÃO DE MARCA

A construção de uma marca sólida no ambiente digital requer uma abordagem estratégica que combine o poder do tráfego pago com os princípios fundamentais do branding. Neste capítulo, exploraremos como utilizar anúncios pagos para aumentar a visibilidade da marca, a importância da segmentação inteligente para atingir o público certo e como criar uma interação harmoniosa entre a mensagem de branding e os anúncios de tráfego pago.

Utilizando Anúncios Pagos Para Aumentar A Visibilidade Da Marca

Os anúncios pagos são uma ferramenta poderosa para impulsionar a visibilidade da sua marca em plataformas digitais. Através de estratégias como anúncios em mídia social, links patrocinados e banners em sites relevantes, você pode alcançar um público mais amplo e direcionado. Ao criar anúncios visualmente atrativos e relevantes para a sua audiência, você aumenta a exposição da sua marca e gera um impacto duradouro na mente dos consumidores. Lembre-se de que, embora o objetivo seja a visibilidade, a mensagem de branding ainda deve ser clara e consistente para garantir que os usuários se lembrem da sua marca mesmo após o anúncio.

Segmentação Inteligente Para Atingir O Público Certo

A segmentação é a chave para o sucesso nos anúncios pagos voltados para branding. Ao entender profundamente quem é o seu público-alvo, você pode direcionar seus anúncios apenas para as pessoas que têm maior probabilidade de se interessar pela sua marca. Isso não apenas aumenta a eficácia dos seus anúncios, mas também economiza recursos valiosos, garantindo que seu investimento seja direcionado de forma inteligente. Utilize critérios como demografia, interesses, comportamento online e até mesmo informações de compra passada para criar segmentações precisas que alcancem as pessoas certas no momento certo.

A Interação Entre A Mensagem De Branding E Os Anúncios De Tráfego Pago

Uma estratégia de tráfego pago eficaz para a construção de marca não apenas aumenta a visibilidade, mas também incorpora a mensagem de branding em seus anúncios. A coesão entre a mensagem transmitida por seus anúncios e a identidade da marca é essencial para criar uma experiência de usuário consistente e memorável. Isso significa que os valores, a voz e o tom da marca devem ser refletidos nos anúncios, fortalecendo a associação entre a mensagem e a empresa. Ao criar essa interação coesa, você não apenas atrai a atenção, mas também constrói uma conexão emocional que é fundamental para o sucesso a longo prazo.

Construir uma marca por meio de estratégias de tráfego pago exige um equilíbrio cuidadoso entre a visibilidade e a autenticidade. Ao utilizar anúncios pagos para aumentar a visibilidade da marca, segmentar inteligentemente o público certo e garantir a integração perfeita entre os anúncios e a mensagem de branding, você estará no caminho certo para criar uma presença digital impactante e duradoura. Lembre-se de que cada anúncio não é apenas um ponto de contato, mas uma oportunidade de contar sua história e conquistar a lealdade dos consumidores.

CAPÍTULO 7: O CICLO DE VIDA DA PERFORMANCE E A IMPORTÂNCIA DO BRANDING

As campanhas de performance têm um ciclo de vida definido, caracterizado por fases de crescimento, estagnação e declínio. Neste capítulo, examinaremos em detalhes o ciclo de vida dessas campanhas e discutiremos como o branding desempenha um papel vital na extensão e revitalização desse ciclo. Além disso, destacaremos exemplos de marcas que mantiveram a eficácia de suas estratégias de performance por meio de um branding sólido.

Explicação Do Ciclo De Vida Das Campanhas De Performance

Crescimento: As campanhas de performance geralmente começam com um impulso inicial, onde os resultados aumentam à medida que a estratégia é otimizada e ganha tração.

Estagnação: Com o tempo, as campanhas podem atingir um ponto de estagnação, onde os retornos começam a diminuir e a otimização se torna mais difícil.

Declínio: Eventualmente, as campanhas entram na fase de declínio, onde os resultados diminuem significativamente e os esforços de otimização não são suficientes para sustentar o desempenho anterior.

O Papel Do Branding Na Extensão E Revitalização Do Ciclo

O branding desempenha um papel crucial em cada fase do ciclo de vida das campanhas de performance:

Crescimento: Um forte branding inicial pode acelerar o crescimento das campanhas, tornando-as mais atraentes e confiáveis para os consumidores.

Estagnação: O branding contínuo, com foco na inovação e na adaptação às mudanças nas preferências do público, pode revitalizar campanhas em estado de estagnação, gerando um novo interesse.

Declínio: O branding bem estabelecido pode ser um recurso valioso durante o declínio, ajudando a manter a lealdade dos clientes e evitando uma queda abrupta nos resultados.

Estudos De Caso De Marcas Que Mantiveram A Performance Através Do Branding

Old Spice: Rebranding Bem-Sucedido Old Spice passou por um rebranding que transformou sua imagem de uma marca antiquada em algo moderno e descolado. Através de campanhas criativas e humorísticas, eles mantiveram a performance, atraindo uma nova geração de consumidores.

Netflix: Evolução Contínua A Netflix mantém uma base de assinantes engajada, mesmo em um mercado competitivo em constante mudança. Seu branding está associado a uma ampla variedade de conteúdo de alta qualidade, criando uma experiência envolvente e mantendo o interesse do público.

Google: A Relevância do Branding O Google mantém a performance através do branding constante. Sua marca é sinônimo de busca e inovação, mantendo sua posição de liderança no mercado de tecnologia.

Nike: Slogan Poderoso e Mensagens Impactantes A campanha "Just Do It" da Nike não é apenas uma frase de efeito, mas uma expressão da atitude da marca. Esse branding resiliente manteve a Nike relevante ao longo de décadas, permitindo que suas campanhas de performance continuassem atraindo e inspirando o público.

Apple: Evolução da Narrativa Visual A Apple é conhecida por sua evolução constante e pela coesão de sua identidade visual. Ao atualizar elementos visuais enquanto mantém a essência da marca, a Apple mantém sua base de fãs engajada e ansiosa por cada novo lançamento.

Coca-Cola: Emoções Duradouras A Coca-Cola capitaliza suas campanhas de performance com base em um branding que evoca emoções e associações positivas. A mensagem de compartilhamento, felicidade e conexão transcende as diferentes campanhas, mantendo a performance em níveis

O ciclo de vida das campanhas de performance é inevitável, mas o branding pode desempenhar um papel fundamental em prolongar e revitalizar esse ciclo. À medida que avançamos para o próximo capítulo, exploraremos o conceito de evitar a saturação e como o branding estratégico pode ser uma ferramenta eficaz para evitar os retornos decrescentes nas estratégias de marketing.

Os ciclos de vida das estratégias de mídia de performance não são universais e podem variar dependendo de vários fatores, incluindo o setor da indústria, o público-alvo, a concorrência e até mesmo as sazonalidades. É importante reconhecer que, embora existam padrões gerais, cada empresa pode ter uma experiência única em relação ao ciclo de vida de suas estratégias de performance. Adaptação, inovação e branding sólido são ferramentas essenciais para gerenciar essas variações.

CAPÍTULO 8: INTEGRANDO CANAIS E PLATAFORMAS

Em um cenário de marketing cada vez mais diversificado e digital, a integração de canais e plataformas tornou-se crucial para maximizar o alcance da marca e otimizar os esforços de tráfego pago. Neste capítulo, vamos explorar a importância de adotar uma abordagem multicanal para a construção da marca e o tráfego pago, compreendendo como cada canal contribui para alcançar os objetivos e oferecendo dicas valiosas para manter a consistência da marca em meio à diversidade de plataformas.

A Potência Da Abordagem Multicanal

A abordagem multicanal envolve a utilização estratégica de diversos canais e plataformas para alcançar diferentes segmentos de público. Ao integrar diferentes meios de comunicação, como redes sociais, email marketing, pesquisa paga e mídia offline, você amplia significativamente as chances de atingir seu público em diferentes etapas da jornada do consumidor. Isso proporciona uma experiência mais completa e envolvente, permitindo que os consumidores interajam com sua marca de maneiras variadas e consistentes.

Contribuição De Cada Canal Para A Marca E Tráfego Pago

Cada canal desempenha um papel específico na construção da marca e no impulsionamento do tráfego pago. As redes sociais, por exemplo, são ideais para a criação de uma identidade visual e o compartilhamento de conteúdo relevante, atraindo a atenção do público e direcionando-o para seu site. O email marketing pode ser um canal poderoso para nutrir leads e clientes, mantendo-os engajados com sua marca ao longo do tempo. Já a pesquisa paga, como anúncios no Google, é uma maneira eficaz de alcançar aqueles que estão ativamente buscando por produtos ou serviços similares aos seus.

Mantendo A Consistência Da Marca Em Diferentes Plataformas

A consistência da marca é um fator crucial para o sucesso da integração de canais e plataformas. Cada canal deve refletir a essência da marca, mantendo a mesma voz, tonalidade e valores em todas as interações. Isso cria uma experiência coesa para os consumidores, que podem reconhecer instantaneamente sua marca, independentemente de onde a encontram. Dicas para manter a consistência incluem o uso consistente de logotipos, paleta de cores e mensagens-chave em todas as plataformas.

Estratégias Para Uma Integração Eficaz

Para uma integração eficaz de canais e plataformas, é necessário um planejamento estratégico sólido. Comece por conhecer bem o seu público-alvo e entender onde eles estão mais presentes. Crie uma estratégia de conteúdo que seja adaptada para cada canal, considerando as preferências e características de cada plataforma. Utilize ferramentas de automação para agendar e gerenciar suas postagens, garantindo uma presença consistente e constante em todos os canais.

Analisando E Otimizando A Integração Multicanal

A análise contínua dos resultados é fundamental para otimizar a integração multicanal. Utilize ferramentas de análise para rastrear o desempenho de cada canal e plataforma. Avalie métricas como engajamento, conversões e retorno sobre o investimento (ROI) para determinar quais canais estão trazendo os melhores resultados. Com base nesses insights, ajuste suas estratégias e alocação de recursos para maximizar o impacto da sua abordagem multicanal.

Ao integrar canais e plataformas de maneira estratégica, você cria uma teia interconectada que fortalece sua marca e amplifica o alcance do tráfego pago. Cada canal desempenha um papel único na jornada do consumidor, contribuindo para a construção da marca e para a geração de leads qualificados. Mantenha a consistência da marca em todas as interações e adapte suas estratégias com base na análise de resultados para uma abordagem multicanal verdadeiramente eficaz.

CAPÍTULO 9: DIMINISHING RETURNS:

Suas Campanhas de Mídia Pararam de Dar Resultados, Mesmo com Aumento de Investimento?

No mundo do marketing digital, o fenômeno conhecido como "Diminishing Returns" é um desafio enfrentado por muitas empresas. Esse termo, frequentemente utilizado em economia e administração, descreve uma situação em que o investimento contínuo em uma campanha ou projeto não resulta em um retorno proporcional. Neste capítulo, exploraremos o conceito de Diminishing Returns e como ele afeta as estratégias de marketing digital, desde investimentos em mídia até a produção de conteúdo e vendas.

O Que É Diminishing Returns?

Diminishing Returns, ou Lei dos Rendimentos Decrescentes, ocorre quando o investimento realizado por uma empresa em uma campanha ou projeto ultrapassa o retorno gerado. Em outras palavras, ações que antes eram eficazes em gerar resultados começam a perder eficiência à medida que mais investimentos são feitos.

Negligenciar a construção da marca resulta na diminuição da base de vendas e em uma maior dependência do marketing de desempenho

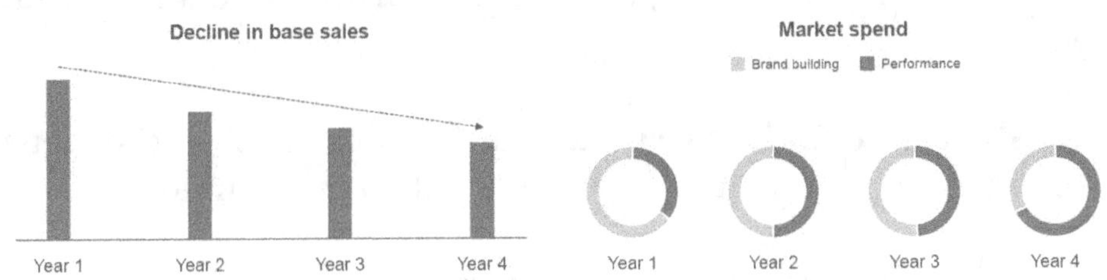

FONTE: BANCO DE DADOS DE NORMAS DE ROI DA KANTAR
ANALYTICS MARKETING

Impacto Nas Estratégias De Marketing Digital

Investimento em Mídia (Anúncios Pagos): O aumento na concorrência, saturação do público-alvo ou mudanças comportamentais dos consumidores pode levar ao Diminishing Returns. Por exemplo, em anúncios no Google, uma vez atingido o limite de buscas para determinadas palavras-chave, aumentar o investimento não trará necessariamente mais retorno.

Produção de Conteúdo: No contexto da produção de conteúdo, o Diminishing Returns é perceptível quando a quantidade de conteúdo produzido não resulta em aumento proporcional de interações ou visualizações. Isso pode indicar que a relevância ou a qualidade do conteúdo precisa ser revisada.

Vendas: O Diminishing Returns também pode afetar as vendas, especialmente quando uma estratégia de promoção está se tornando saturada para o público-alvo. Continuar com a mesma abordagem pode levar a uma estabilização ou queda nas conversões.

Lidando Com O Fenômeno Dos Diminishing Returns

Reavaliação da Estratégia: Em vez de simplesmente aumentar os investimentos, é crucial reavaliar a estratégia como um todo. Analise os dados e identifique onde os retornos estão diminuindo e por quê.

Ajustes e Otimizações: Realize ajustes nas abordagens, mensagens e segmentação para se adaptar às mudanças do mercado e do público.

Diversificação de Canais: Considere explorar novos canais ou abordagens para atingir seu público-alvo de maneiras diferentes e mais eficazes.

Foco na Qualidade: Em vez de aumentar a quantidade, concentre-se na qualidade das interações e na entrega de valor real aos clientes.

CAPÍTULO 10: EQUILIBRANDO O BINÔMIO

Um Plano de Ação

A chave para o sucesso no marketing contemporâneo reside na harmonização estratégica entre performance e branding. Neste capítulo, vamos mergulhar no processo de criação de um plano de marketing que integra essas duas abordagens, permitindo que trabalhem juntas de maneira sinérgica para alcançar objetivos concretos. Vamos explorar a importância de definir metas claras e mensuráveis para ambas as estratégias, além de discutir como ajustar a estratégia com base em análises contínuas.

Criando Um Plano Integrado De Marketing

Ao desenvolver um plano de marketing, é vital que performance e branding não sejam tratados como entidades separadas, mas sim como componentes interligados. Determine como cada uma dessas abordagens contribuirá para atingir os objetivos gerais da campanha.

Definindo Metas Claras e Mensuráveis

Defina metas específicas e mensuráveis para ambas as estratégias. No contexto de performance, as metas podem ser quantitativas, como taxas de conversão ou aumento nas vendas. Para o branding, as metas podem incluir aumento no reconhecimento da marca ou engajamento nas redes sociais. Isso ajuda a avaliar o impacto de cada estratégia e ajustar conforme necessário

Sinergia de Dados e Análises

A integração de performance e branding pode ser fortalecida por meio da análise de dados abrangentes. Utilize ferramentas de análise para medir o impacto de ambas as estratégias e identificar possíveis pontos de melhoria. A interação entre dados de performance e métricas de branding fornece uma compreensão mais completa do comportamento do consumidor.

Ajustando a Estratégia com Base em Análises Contínuas

O plano de marketing não é fixo; ele deve evoluir com base em análises contínuas. Acompanhe regularmente o desempenho das campanhas e esteja disposto a fazer ajustes, se necessário. Se uma estratégia não estiver alcançando os resultados desejados, adapte-a ou realoque recursos para otimizar o impacto.

Exemplo Prático:

Empresa C: Plano Integrado de Sucesso
A Empresa C desenvolveu um plano de marketing que integra a performance de anúncios pagos com iniciativas de branding. Eles definiram metas específicas de conversão para a estratégia de performance, acompanhando as taxas de cliques e conversões. Para o branding, monitoraram o aumento na exposição da marca e o engajamento nas redes sociais. Análises regulares permitiram que ajustassem a alocação de recursos e refinassem suas abordagens.

Equilibrar a relação entre performance e branding é essencial para uma estratégia de marketing eficaz. Ao criar um plano de ação que integra essas duas abordagens, definir metas claras e mensuráveis e ajustar com base em análises contínuas, você constrói uma base sólida para o sucesso. No próximo e último capítulo, faremos uma recapitulação dos principais pontos abordados neste livro, fornecendo um panorama abrangente das interações entre performance e branding e sua

CAPÍTULO 11: A IMPORTÂNCIA DE INVESTIR EM DIVERSOS CANAIS E MÍDIAS: ONLINE E OFFLINE

Investir em uma variedade de canais e mídias é um princípio fundamental para uma estratégia de marketing sólida e eficaz. Tanto no ambiente online quanto no offline, essa abordagem diversificada oferece vantagens que vão além do alcance imediato, moldando uma estratégia resiliente capaz de enfrentar desafios e maximizar o impacto. Neste capítulo, exploraremos a importância de investir em diversos canais e mídias, destacando os perigos de depender exclusivamente das redes sociais para obter resultados.

Ampliando o Alcance e Engajamento

Investir em uma variedade de canais e mídias permite que sua mensagem alcance uma audiência mais ampla e diversificada. A presença online em plataformas como redes sociais, blogs, websites e e-mail marketing, combinada com abordagens offline como anúncios impressos, eventos e parcerias, cria uma exposição mais abrangente. Isso garante que sua marca atinja diferentes segmentos de público, adaptando-se aos hábitos e preferências variados.

Resiliência Diante de Mudanças

Depender exclusivamente de um único canal, como as redes sociais, pode ser perigoso devido à volatilidade dessas plataformas. Mudanças nos algoritmos das redes sociais, flutuações nas tendências de uso e até mesmo interrupções técnicas podem impactar significativamente o alcance e engajamento. Investir em uma variedade de canais online e offline constrói uma estratégia mais robusta, diminuindo o risco associado a flutuações em um único canal.

Aproveitando os Pontos Fortes de Cada Canal

Cada canal e mídia possui seus próprios pontos fortes. Redes sociais são ideais para o engajamento direto com os clientes, enquanto e-mails permitem comunicações personalizadas. Anúncios impressos podem criar impacto visual e eventos proporcionam experiências únicas. Ao investir em diversos canais, você aproveita os pontos fortes de cada um, proporcionando uma experiência de marca mais rica e envolvente.

CAPÍTULO 12: SUPERANDO DESAFIOS: ORÇAMENTO E COMPETIÇÃO

O sucesso de qualquer estratégia de marketing, seja ela focada em tráfego pago ou branding, enfrenta desafios inerentes, especialmente quando se trata de orçamento e competição acirrada. Neste capítulo, discutiremos abordagens eficazes para gerenciar seu orçamento de forma inteligente, se destacar em um cenário competitivo e empregar estratégias criativas para otimizar recursos e enfrentar desafios de maneira eficaz.

Gerenciamento Estratégico De Orçamento

O orçamento é um recurso valioso e limitado, e a alocação inteligente é fundamental para maximizar os resultados. Defina prioridades claras para seus objetivos de branding e performance. Distribua o orçamento de acordo com as necessidades de cada estratégia e ajuste-o conforme necessário com base em análises contínuas de desempenho. Além disso, considere investir em ferramentas de análise para obter insights que ajudem a otimizar seus gastos.

A concorrência no mundo do marketing é acirrada, mas há maneiras de se destacar mesmo em meio a competidores fortes. Concentre-se em diferenciar sua marca, destacando seus valores exclusivos e oferecendo propostas de valor únicas. Crie campanhas criativas e inovadoras que cativem a atenção do seu público-alvo. Além disso, mantenha-se atualizado sobre as tendências do mercado e as atividades dos concorrentes para identificar oportunidades de nicho.

Estratégias Criativas Para Otimização De Recursos

Muitas vezes, enfrentar desafios de orçamento significa adotar uma abordagem mais criativa e eficiente. Considere estratégias como parcerias colaborativas com outras marcas, co-marketing ou co-patrocínio de eventos. Utilize conteúdo gerado pelo usuário para envolver seus seguidores e criar uma sensação de comunidade em torno da sua marca. Além disso, explore formatos de anúncios não convencionais que possam ser mais econômicos, como anúncios de áudio ou anúncios nativos.

Enfrentar desafios de orçamento e competição requer uma abordagem de análise constante e adaptação. Monitore regularmente o desempenho das suas estratégias de tráfego pago e branding. Identifique o que está funcionando e o que precisa ser ajustado. Aprenda com os sucessos e fracassos anteriores e aplique esses insights para otimizar suas táticas. Esteja disposto a fazer mudanças rápidas quando necessário para maximizar o impacto dos seus esforços.

Ao superar os desafios de orçamento e competição de forma estratégica e criativa, você pode alcançar resultados notáveis em suas estratégias de tráfego pago e branding. Através do gerenciamento inteligente de recursos, diferenciação da concorrência e adaptação constante, você estará bem equipado para enfrentar qualquer obstáculo que surja em seu caminho e alcançar o sucesso sustentável em um ambiente competitivo.

CAPÍTULO 13: ESTRATÉGIA MODELO 60/40:

A Divisão Ideal do Orçamento para Impulsionar a Marca e a Performance

Em um cenário de marketing cada vez mais complexo e competitivo, encontrar a fórmula certa para alocar recursos financeiros é essencial para alcançar resultados eficazes. A estratégia do Modelo 60/40, baseada na divisão equilibrada do orçamento entre branding e performance, surge como uma abordagem poderosa que combina o impulso de tráfego imediato com a construção a longo prazo da marca.

A Base Do Modelo 60/40:

O Modelo 60/40 é uma estratégia que reconhece a necessidade de equilibrar esforços de branding e performance dentro do ecossistema de marketing. Ele preconiza que 60% do orçamento total seja alocado para iniciativas de branding, enquanto os restantes 40% sejam direcionados para atividades de performance. Essa abordagem fundamenta-se na compreensão de que o branding sólido e a geração de resultados tangíveis são dois pilares fundamentais para o sucesso a longo prazo.

Os 60% Para Branding:

Alocar 60% do orçamento para branding é um investimento

estratégico na construção de uma conexão profunda e duradoura com o público-alvo. Essa parte do orçamento é direcionada para atividades que fortalecem a identidade da marca, criam associações positivas e geram confiança. Iniciativas como campanhas de conscientização, conteúdo de valor, storytelling e interações autênticas nas redes sociais desempenham um papel crucial nesse contexto.

Os 40% Para Performance:

Alocar 40% do orçamento para a performance visa gerar resultados mensuráveis e imediatos. Essa parcela é direcionada para táticas que aumentam a visibilidade, a geração de leads e as conversões. Anúncios pagos, campanhas de pesquisa, marketing de afiliados e estratégias de remarketing estão entre as atividades incluídas aqui. Essas ações visam direcionar o tráfego qualificado para o site, ampliando o alcance da marca e impulsionando as conversões.

As Sinergias Do Modelo 60/40:

A beleza do Modelo 60/40 reside na maneira como as estratégias de branding e performance se complementam. Enquanto o branding estabelece a base emocional e a identidade da marca, a performance transforma essa conexão em resultados tangíveis. A confiança construída através do branding pode aumentar as taxas de conversão nas iniciativas de performance, enquanto as conversões mensuráveis da performance fortalecem a percepção positiva da marca.

Dicas para Implementação:

Defina Objetivos Claros: Estabeleça metas específicas para os 60% destinados ao branding e os 40% para a performance. Isso ajudará a direcionar a estratégia de maneira eficaz.

Identifique Público-Alvo: Uma segmentação precisa é fundamental para ambos os lados da estratégia. Conheça profundamente seu público para criar mensagens personalizadas e anúncios relevantes.

Mensure e Ajuste: Acompanhe as métricas de branding e performance de perto. Ajuste a alocação do orçamento com base nos resultados e insights obtidos.

Coerência de Marca: Garanta que a mensagem e a identidade da marca sejam consistentes em todas as iniciativas, seja branding ou performance.

Teste e Experimente: Explore diferentes canais e abordagens dentro das categorias de branding e performance. Teste novas ideias para otimizar o ROI.

O Modelo 60/40 é uma estratégia que se baseia na compreensão da importância tanto do branding quanto da performance no sucesso da marca. Ao equilibrar a alocação do orçamento entre construção de identidade e geração de resultados, as empresas podem criar uma base sólida para o crescimento sustentável e resultados tangíveis no mundo do marketing moderno.

Estratégia Digital de Conteúdo para a Estratégia 60/40

A Estratégia 60/40, que combina a alocação de 60% do

orçamento para branding e 40% para performance, exige uma abordagem equilibrada em todas as frentes, incluindo a criação de conteúdo digital. Aqui está uma sugestão de estratégia de conteúdo que se alinha com essa abordagem:

Fase de Branding (60% do Orçamento):

Conteúdo de Valor e Storytelling: Dedique uma parte do orçamento para criar conteúdo de valor que ressoe com o público-alvo. Isso pode incluir artigos informativos, guias, infográficos e histórias envolventes relacionadas ao setor em que sua marca atua. O storytelling é essencial para criar uma conexão emocional e construir a identidade da marca.

Vídeos de Marca: Alocar recursos para a produção de vídeos que transmitam a essência da marca, seus valores e visão. Os vídeos podem ser histórias inspiradoras, entrevistas com líderes da empresa ou até mesmo vídeos educativos que reforcem sua expertise no setor.

Redes Sociais Estratégicas: Utilize as redes sociais para compartilhar conteúdo autêntico e relevante. Misture posts que destacam a cultura da empresa, bastidores e interações com seguidores para criar um senso de comunidade em torno da marca.

Fase de Performance (40% do Orçamento):

Anúncios de Conversão: Aloque parte do orçamento para a criação de anúncios focados em conversão. Isso inclui anúncios em redes sociais e Google Ads direcionados para públicos que já demonstraram interesse na marca.

Conteúdo Otimizado para SEO: Crie conteúdo otimizado para mecanismos de busca que aborde as principais palavras-chave relacionadas à sua indústria. Isso ajudará a melhorar o ranking nos resultados de pesquisa e direcionar tráfego qualificado para o site.

Webinars e Eventos Online: Destine parte do orçamento para a realização de webinars ou eventos online que abordem tópicos relevantes para o seu público. Essas atividades podem atrair leads qualificados e oferecer uma oportunidade para interações diretas.

Integração e Coerência:

É crucial que a estratégia de conteúdo seja coesa e integrada em ambas as fases. Certifique-se de que o conteúdo de branding alimente a percepção positiva da marca, enquanto o conteúdo de performance seja otimizado para conversões. Mantenha uma linguagem consistente, identidade visual alinhada e mensagens que reflitam os valores da marca.

A estratégia digital de conteúdo dentro do Modelo 60/40 permite que sua marca alcance um equilíbrio entre a construção de identidade e a geração de resultados mensuráveis. Ao criar conteúdo valioso, envolvente e estrategicamente direcionado, sua marca estará bem posicionada para conquistar a confiança do público, maximizar o alcance e impulsionar as conversões.

CAPÍTULO 13: CONSTRUINDO UM FUTURO SUSTENTÁVEL

À medida que o cenário do mar2keting continua a evoluir em um ritmo acelerado, a construção de um futuro sustentável para sua marca exige uma abordagem estratégica que combine branding sólido e estratégias de tráfego pago eficazes. Neste capítulo, exploraremos a importância contínua do branding para o crescimento a longo prazo, discutiremos como manter a relevância em um ambiente digital em constante mudança e compartilharemos insights sobre como enfrentar os desafios futuros com uma base sólida de tráfego pago e branding.

10.1 A Importância do Branding para o Crescimento a Longo Prazo

Enquanto as táticas de tráfego pago podem gerar resultados imediatos, o branding desempenha um papel crucial no crescimento sustentável a longo prazo. Uma marca bem estabelecida não apenas atrai clientes, mas também cria conexões emocionais duradouras. Ao investir em construir uma identidade de marca coesa e autêntica, você está investindo na criação de lealdade e confiança duradouras entre seus consumidores. Isso não apenas gera vendas repetidas, mas também transforma clientes satisfeitos em defensores fervorosos da sua marca.

10.2 Mantendo a Relevância em um Ambiente em Constante Mudança

O cenário digital está em constante evolução, com novas plataformas, tendências e tecnologias surgindo regularmente. Para construir um futuro sustentável, é essencial que sua marca se mantenha relevante. Isso exige uma abordagem flexível e adaptável. Esteja disposto a abraçar as mudanças, experimentar novas estratégias e acompanhar as preferências em constante mudança do seu público. Aproveite as ferramentas de análise para monitorar o desempenho das suas estratégias e esteja pronto para fazer ajustes conforme necessário.

10.3 Preparando-se para Enfrentar os Desafios Futuros

À medida que o futuro se desdobra, é vital que sua marca esteja preparada para enfrentar os desafios que possam surgir. Ao construir uma base sólida de tráfego pago e branding, você estará equipado para lidar com as mudanças no comportamento do consumidor, as flutuações nas plataformas de mídia e os avanços tecnológicos. Mantenha-se atualizado com as últimas tendências e esteja disposto a inovar e experimentar. A combinação de estratégias de branding e tráfego pago lhe dará a flexibilidade necessária para se adaptar às mudanças e garantir um futuro sustentável para sua marca.

Construir um futuro sustentável requer uma abordagem holística que una o poder do branding à eficácia das estratégias de tráfego pago. Ao priorizar a criação de uma identidade de marca forte, se adaptar às mudanças e estar preparado para enfrentar os desafios futuros, você estará posicionando sua marca para o sucesso contínuo em um ambiente de marketing em constante evolução.

CAPÍTULO 14: A ASCENSÃO DAS GIGANTES: DE PERFORMANCE PARA BRANDING

A evolução do marketing digital trouxe consigo a ascensão de empresas que passaram de estratégias de pura performance para abraçar o poder do branding. Neste capítulo, exploraremos os estudos de casos de algumas das maiores empresas do mundo que fizeram essa transição, discutindo as razões por trás dessa mudança de foco e as valiosas lições que empresas menores podem aprender com essas transformações estratégicas.

Estudo Da Mudança De Foco De Empresas Gigantes

Amazon: De Vendas a Experiência do Cliente

A Amazon, inicialmente focada em vendas e performance, fez uma transição para priorizar a experiência do cliente e a fidelidade à marca. Investimentos em envio rápido, atendimento ao cliente exemplar e personalização transformaram a Amazon de um varejista online para uma potência de branding que valoriza a satisfação do cliente.

Apple: De Produtos a Estilo de Vida

A Apple, famosa por seus produtos inovadores, evoluiu para um estilo de vida. Sua abordagem focada no design, experiência do usuário e narrativa emocional construiu uma comunidade de fãs leais que não apenas compram produtos, mas também compartilham valores e identidade.

Nike: De Produtos a Movimento Cultural

A Nike transformou seu branding de simples produtos esportivos para um movimento cultural. Ao enfatizar a superação, a expressão pessoal e o empoderamento, a Nike se tornou uma marca que representa muito mais do que apenas tênis e roupas esportivas.

Razões Por Trás Da Transição De Estratégias

Saturation Point: Empresas percebem que, em um mercado saturado, o branding oferece diferenciação sustentável e cria conexões mais profundas.

Construção de Lealdade: O branding constrói uma base de fãs leais que não apenas compram, mas também defendem a marca, proporcionando crescimento orgânico.

Valor Além do Produto: O branding permite que empresas vendam valores, estilo de vida e emoções, criando uma conexão emocional com o público.

Lições Para Empresas Menores

Valor a Longo Prazo: O branding é um investimento de longo prazo que sustenta o crescimento contínuo.

Compreensão do Público: Compreender profundamente seu público-alvo é fundamental para criar uma narrativa de branding eficaz.

Inovação Constante: As transições de sucesso exigem inovação constante e adaptação às mudanças no mercado.

A jornada de empresas gigantes de performance para branding é uma fonte de aprendizado para todas as empresas, independentemente do tamanho. Essas transformações destacam a importância de criar conexões emocionais, oferecer valor além do produto e construir uma base de fãs leais. As lições extraídas dessas transições podem orientar empresas menores na construção de estratégias abrangentes e duradouras que transcendem métricas imediatas de performance.

À medida que chegamos ao final deste livro, fica claro que a interseção entre branding e marketing de performance é uma área rica de oportunidades e desafios emocionantes. O mundo dos negócios está em constante evolução, impulsionado por avanços tecnológicos, mudanças nos comportamentos do consumidor e um cenário competitivo em constante transformação. Nesse contexto, compreendemos que a abordagem integrada de branding e performance não é apenas uma opção, mas uma necessidade imperativa para marcas que aspiram ao crescimento sustentável e ao sucesso a longo prazo.

Ao longo deste livro, exploramos como as estratégias de branding podem amplificar os esforços de marketing de performance e vice-versa. Descobrimos como a construção de uma marca sólida não só cria identidade e conexão emocional com o público, mas também reforça a eficácia das iniciativas de tráfego pago. De igual importância, exploramos como a performance estratégica pode aumentar a visibilidade da marca, gerar conversões e alcançar metas tangíveis.

Aprendemos que a alocação de recursos de maneira equilibrada e inteligente, como no Modelo 60/40, permite que as marcas colham os benefícios tanto do branding quanto da performance. O sucesso está enraizado na compreensão de que essas duas facetas não são opostas, mas sim parceiras complementares que trabalham em harmonia para impulsionar o crescimento.

Nesta jornada, examinamos casos de sucesso inspiradores, exploramos estratégias práticas, consideramos desafios e desvendamos insights valiosos. No entanto, este livro é apenas um ponto de partida. O mundo do marketing está em constante evolução, e cabe a você, leitor, adaptar e expandir esses conceitos em sua própria jornada. Seja construindo uma marca do zero, fortalecendo uma existente ou ampliando sua presença online, a chave para o sucesso está em abraçar a mudança, inovar com criatividade e cultivar a conexão humana em um mundo digital.

À medida que você avança com sua estratégia integrada de branding e performance, lembre-se de que cada interação, cada postagem e cada campanha são oportunidades para criar uma marca memorável e envolvente. Que este livro tenha inspirado você a alcançar novos patamares de sucesso e excelência em sua jornada de marketing. Seja o arquiteto de sua marca, o maestro de sua estratégia e o catalisador de um futuro brilhante. O mundo digital espera por suas ideias inovadoras e autênticas. Vá em frente e marque sua presença!

BÔNUS: GLOSSÁRIO DE TERMOS-CHAVE RELACIONADOS AO MARKETING DE PERFORMANCE E BRANDING

Navegar pelo mundo do marketing de performance e branding pode ser mais fácil quando se entende os termos específicos usados nesse campo. Este glossário oferece uma explicação clara dos termos-chave mais relevantes nesses domínios.

Marketing de Performance: Uma abordagem focada em atingir metas mensuráveis, como conversões, leads ou vendas, geralmente utilizando estratégias de anúncios pagos, SEO e outras táticas direcionadas para gerar resultados imediatos.

Branding: O processo de criação e gestão da identidade de uma marca, que inclui elementos visuais, valores, narrativas e experiências para estabelecer uma conexão emocional duradoura com o público.

ROI (Retorno sobre Investimento): Uma métrica que avalia a eficácia de um investimento, comparando o lucro gerado com o custo do investimento.

Taxa de Conversão: A porcentagem de visitantes de um site que realizam uma ação desejada, como fazer uma compra, preencher um formulário ou assinar uma newsletter.

Persona: Representação fictícia do cliente ideal, baseada em dados demográficos, comportamentais e psicográficos, usada para direcionar estratégias de marketing de forma mais precisa.

SEO (Search Engine Optimization): O processo de otimização de um site para melhorar sua visibilidade nos resultados dos motores de busca, aumentando o tráfego orgânico.

PPC (Pay-Per-Click): Uma forma de publicidade online em que os anunciantes pagam uma taxa toda vez que um usuário clica em seu anúncio.

CTR (Click-Through Rate): A proporção de cliques que um anúncio recebe em relação ao número de vezes que ele é exibido, geralmente expressa como uma porcentagem.

Engajamento: O nível de interação e envolvimento do público com o conteúdo ou anúncio, medido por curtidas, comentários, compartilhamentos e outras ações.

Jornada do Consumidor: O processo que um consumidor percorre desde o primeiro contato com uma marca até a conversão, incluindo etapas como conscientização, consideração e decisão.

Call to Action (CTA): Uma instrução persuasiva destinada a incentivar o público a realizar uma ação específica, como clicar em um botão, preencher um formulário ou fazer uma compra.

Engajamento: O nível de interação e envolvimento do público com o conteúdo ou anúncio, medido por curtidas, comentários, compartilhamentos e outras ações.

Experiência do Usuário (UX): A qualidade geral da experiência que um usuário tem ao interagir com um site, aplicativo ou produto, incluindo design, usabilidade e acessibilidade.

Reconhecimento de Marca: O grau em que os consumidores

reconhecem e se lembram da marca, frequentemente medido por pesquisas ou porcentagem de reconhecimento em um público-alvo.

Narrativa da Marca: A história única e distintiva da marca, usada para comunicar seus valores, missão e personalidade ao público.

Funnels de Conversão: Modelos que representam a jornada do consumidor desde a fase de conscientização até a conversão, ajudando a identificar pontos de otimização.

Remarketing: Estratégia que visa alcançar novamente usuários que interagiram com a marca anteriormente, exibindo anúncios específicos para reengajar o público.

Canais de Marketing: Diferentes plataformas ou meios utilizados para alcançar o público, como redes sociais, e-mail marketing, pesquisa paga, entre outros.

Retenção de Clientes: A estratégia de manter os clientes existentes engajados e satisfeitos para promover a fidelidade e reduzir a taxa de abandono.

Este glossário oferece uma base sólida de termos-chave para navegar com confiança pelo universo do marketing de performance e branding. À medida que você incorpora esses conceitos em suas estratégias, estará melhor preparado para criar impacto e conquistar resultados sólidos.